WOLFGANG MADER - JOHANNES MARIA GEURTZ

MEDITERRANE BORDKÜCHE

DIE BESTEN REZEPTE AUS DER PANTRY

DELIUS KLASING VERLAG

HUNGER AUF MEER

Wir segeln mit unserer Crew seit vielen Jahren in den verschiedensten Revieren des Mittelmeeres. Eines Tages saßen wir bei leichtem, halben Wind an Bord – zufrieden und gesättigt nach einem leckeren Essen mit einem Drink in der Hand –, da hatte einer die Idee:

Wir machen ein Kochbuch für Segler! Mit den Rezepten unserer besten Gerichte, alle einfach zuzubereiten mit den Möglichkeiten an Bord und passend zum jeweiligen Revier. Wir garnieren das Ganze mit den schönsten optischen Eindrücken unserer Törns, der Inseln und der Orte, die wir besucht haben. Allerdings fiel uns während der täglichen Kochrituale auf, dass wir uns ebenso an Bord eines Wohnmobiles befinden könnten. Dort findet man die gleichen Rahmenbedingungen wie auf Yachten.

Das Ergebnis ist dieses Buch.

Authentisch wollen wir sein, das heißt, wir zeigen hier nur, was wir selbst bereist haben, und was wir selbst fotografiert haben. Wir verwenden nur Rezepte, nach denen wir selbst gekocht haben, die wir selbst gegessen haben, und die wir lecker finden.

Bibliografische Information der Deutschen Nationalbibliothek
Die Deutsche Nationalbibliothek verzeichnet diese Publikation
in der Deutschen Nationalbibliografie; detaillierte bibliografische
Daten sind im Internet über http://dnb.dnb.de abrufbar.

1. Auflage
ISBN 978-3-667-10277-5
© Delius Klasing & Co. KG, Bielefeld

Lektorat: Birgit Radebold / Eva Grieger
Titelfoto: © Blaine Harrington III/Corbis
Fotos und Layout: Johannes Maria Geurtz
Umschlaggestaltung: Felix Kempf; www.fx68.de
Lithografie: arvato Mohn Media, Gütersloh
Druck: Westermann Druck, Zwickau
Printed in Germany 2015

Delius Klasing Verlag, Siekerwall 21, D - 33602 Bielefeld
Tel.: 0521/559-0, Fax: 0521/559-115
E-Mail: info@delius-klasing.de
www.delius-klasing.de

INHALT

MALLORCA

IBIZA

CAN
POU
BAR

VOR REISEANTRITT ERLEDIGEN

Wir sind unterwegs. Die Vorfreude auf das Meer ist groß. Ans Wasser denken wir … und an schöne Häfen. Kartenmaterial und GPS-Ersatzgerät sind eingepackt. Schwimmen werden wir dreimal am Tag. Wir hoffen, Delfine zu sehen. An den Fotoknipser haben alle gedacht, ich habe sogar meine Videokamera dabei.

Ans Kochen denken wir noch nicht … wir sind ja in Häfen. Da gibt es Fischkneipen, und kleine Supermärkte gibt es auch, falls wir ein paar Spaghetti machen wollen. Und landestypisch möchten wir ja auch essen.

So dachten wir früher. Doch nicht immer wurden unsere verwöhnten Gaumen in den Restaurants zufrieden gestellt. In kleinen Häfen gab es manchmal gar nichts, was uns zusagte. Und in den schönsten Buchten konnten wir nicht bleiben, weil wir Hunger hatten und der Kühlschrank leer war. Inzwischen lieben wir es, allein in einer Bucht zu liegen und ein paar Schweinereien zu zaubern. So haben wir immer für zwei Tage Lebensmittel an Bord, um der Natur in den schönsten Revieren frönen zu können. Das geht natürlich nur mit guter Planung.

Das Wichtigste ist, zu wissen, was die Mannschaft mag. Vielleicht hat ja auch der eine oder andere Lust, mal Smutje zu spielen. Wichtig: je Gericht führt nur einer Regie! Sonst wird das nichts. Viele Köche müssen den Brei nicht verderben. Es dürfen alle helfen, aber sie müssen dem Rezeptverantwortlichen folgen. Und dann geht es auch viel schneller, wenn fünf Personen Gemüse putzen, Knoblauch schälen, Kräuter zupfen, Kartoffeln schälen … klar oder? Also, zu Hause schon eine Antwort auf die Fragen suchen: **Wer will was kochen? Wer hat welche Rezeptwünsche?**

Dem Smutje obliegt die Aufgabe, zu prüfen, ob die Rezepte auch realisierbar sind. Die Zutaten müssen in der Region zu bekommen sein. Hier ist das Internet sicher eine Hilfe auf die Frage: **Gibt es alles in unserem Revier?**

Jetzt sollten die Rezepte festgelegt werden, nach denen man unterwegs kochen möchte. Platz für Improvisation muss natürlich bleiben. Trotzdem gibt es vor Ort meist nicht alles. Auf so mancher Insel hält man vergeblich nach frischen Kräutern Ausschau. Und ohne die geht häufig gar nichts.

Also: **Rezepte festlegen und Zutaten bestimmen, die man von zu Hause mitnehmen sollte.**

Dann brauchen wir natürlich auch noch Töpfe, Pfannen, Kochlöffel und so manches Werkzeug. Zu Hause haben wir das alles, aber an Bord leider nicht immer. Also sollte man darüber nachdenken: **Welche Küchengeräte nehmen wir mit?**

Fragen Sie vorab den Vercharterer, wie die Bordküche ausgestattet ist. Im Flieger ist es zu spät!

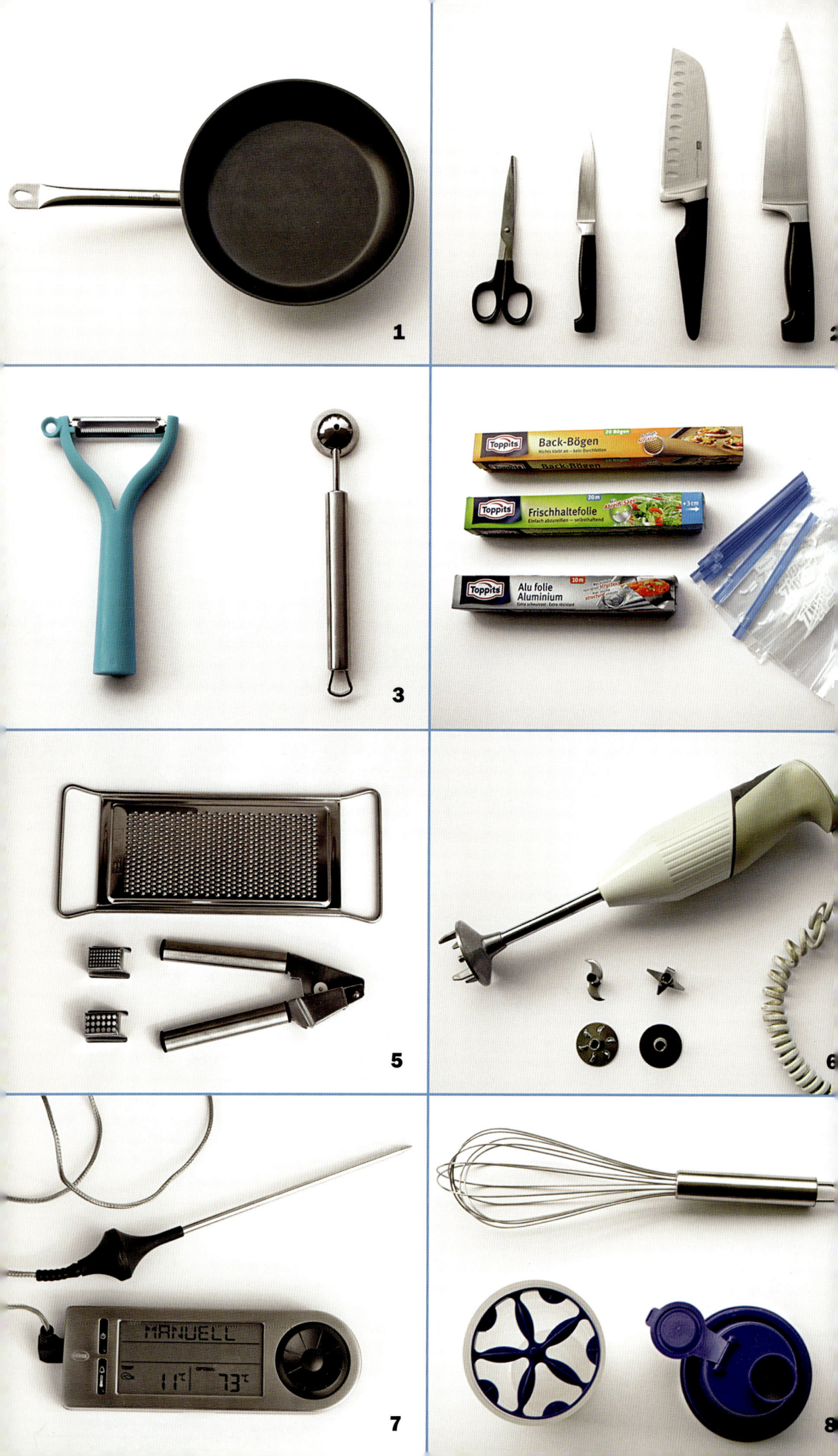

1

2

3

5

6

7

8

DAS NEHMEN WIR MIT

Viele Crews haben eine Liste mit Mitnahmeartikeln, auf der meist die Frühstückskomponenten stehen. Brot, Kaffeepulver, Zucker, Käse, Salami, Schinken, Lieblingsmarmelade und vieles mehr. Diese Liste sollte fürs Kochen erheblich erweitert werden. Lieber ein Teil zuviel, als an Bord ratlos dastehen.

Zutaten, die man von zu Hause mitnehmen sollte.

Das Wichtigste sind **frische Kräuter!** Dafür machen wir uns eine Kräuterbox. In einer Tupperdose oder in einem größeren Frischhaltebeutel sollte man je nach Rezeptauswahl folgende Kräuter mitnehmen, die immer im Kühlschrank aufbewahrt werden:
• Rosmarin
• Thymian
• Oregano, Majoran
• Basilikum
• glatte Petersilie
• Koriander
• Estragon (für Fischgerichte)
• Dill
• Rucola
• Zitronenmelisse, Minze

Natürlich geht ohne **Trockengewürze** auch nichts. Die gibt es zwar meistens vor Ort. Aber die benötigten Mengen sind so klein, dass man sie besser auch von zu Hause mitnimmt:
• Salz, schwarzer Pfeffer in der Mühle
• Curry
• Getrocknete rote Chilischoten
• Paprikapulver (Cayennepfeffer, Piment d'Esplette)
• Muskat
• Chilipulver
• Lorbeerblätter, Gewürznelken, Wacholderbeeren
• Gemüsebrühwürfel
• Vanillezucker

Schon seltener gibt es die folgenden Zutaten. Sie sind in den Rezepten mit einem ! gekennzeichnet:
• Rosa/Rote Pfefferbeeren (lecker und gut für die Deko)
• Weiße Gelatineblätter
• Sternanis, Zimtrinde, Kreuzkümmel

Noch ein Satz zum Alkohol, denn viele Rezepte brauchen einen „Schuss". Man braucht nie eine ganze Flasche. Da hilft es, zu Hause schon mal nach den kleinen Fläschchen zu gucken. Kirschwasser etc. gibt es schon in 0,1 l Einheiten.

Welche Küchengeräte sollten mitgenommen werden?

1. große Pfanne
2. Schere, scharfe Messer (aber nicht ins Handgepäck)
3. Schäler, Melonenschäler (zum Entkernen von Obst und Tomaten)
4. Backpapier, Frischhaltefolie, Alufolie, Ziploc Beutel
5. Reibe, Knoblauchpresse
6. Mix- bzw. Pürierstab (am besten mit wechselbaren Aufsätzen)
7. Backofenthermometer
8. Schneebesen, Schüttelmixer (z. B. für Salatsauce)

Natürlich bringt das Zusatzgewicht fürs Gepäck. Alles hier Erwähnte brachte bei uns zusammen 3,4 kg auf die Waage. Wir brachten das bei 7 Personen locker unter!

MANCHES GILT FÜR FAST JEDES REZEPT

Viele Aussagen, die in den Rezepten zu machen sind, würden sich wiederholen. Da wir so knapp wie möglich beschreiben wollen, lassen wir alles weg, was man an zentraler Stelle erwähnen kann. Da gibt es schon das simple Waschen. Jedes Gemüse muss gewaschen werden. Pilze müssen geputzt werden. Möhren oder Spargel müssen geschält werden. Fleisch und Fisch müssen gewaschen und mit Küchenpapier trocken getupft werden. Diese Selbstverständlichkeiten setzen wir voraus, das heißt, wir erwähnen sie nicht in den einzelnen Rezepten. Da die Backöfen an Bord normalerweise keine Temperatureinstellungen nach Gradzahl ermöglichen, sollte man ein Backofenthermometer verwenden. Einfach den Fühler in den Backofen und die Temperatur von außen ablesen (siehe Seite 9). Das wiederum steht bei jedem Rezept dabei!

Alle Rezepte sind für 2 Personen ausgelegt. Damit kann man bei einer größeren Crew die Mengen relativ leicht hochmultiplizieren. Auf und Abrunden überlässt man am besten seinem Gefühl. Ein kleines „Sorry" noch an unsere Damenwelt. Wir, das sind alles Männer. Wenn also mal etwas Anzüglichkeit zu spüren sein sollte, … wir sind halt immer eine ganze Weile ohne Euch … aber voller Fantasie!

DER EINFACHHEIT HALBER

Soviele **Flammen** braucht man für das jeweilige Gericht.

Für dieses Gericht braucht man einen **Backofen**.

Soviel **Zeit** muss man für das jeweilige Gericht einplanen.

Achtung! Am besten schon vor Reisebeginn besorgen, eventuell vor Ort schwer zu bekommen.

la
tendresse
coulée
dans
un
roc

EISEN
La Bomboniera
London
New York
Sydney
Sardegna
da Mangiare e da Bere

EIN EROTISCHER FEIGENSALAT

Für 2 Personen
Zubereitungszeit: 30 min
Zutaten Salat:

2 reife Feigen

2 Scheiben Parmaschinken oder einen
anderen mildgesalzenen Schinken

2 Stück Büffelmozarella

4 Stiele Basilikum (Kräuterbox)

Zutaten Dressing:

4 EL Olivenöl

3 TL Zitronensaft

1 TL Honig

etwas Meersalz, Pfeffer aus der Mühle

Zubereitung Salat:

1. Den Stil der Feigen abtrennen. Die Feigen kreuzweise bis auf 1/4 ihrer Höhe einschneiden. Von unten zusammendrücken bis sich die Frucht öffnet.

2. Die Feigen mit den Schinkenscheiben umwickeln und mit dem in Stückchen geschnittenen Mozarella auf einem Suppenteller anrichten. Die Basilikumblätter darüber verteilen.

Zubereitung Dressing:

Alle Zutaten geschmacksabhängig variieren und kräftig durchmischen, am besten einen Schüttelmixer von zu Hause mitbringen. Zum Anrichten nur noch das Dressing in die Feige träufeln. Das bringt die Geschmacksrichtungen zu einer super Harmonie!

Dazu passt am besten Baguette, damit das leckere Dressing nicht im Teller bleibt.

Tipp: Ein nicht zu trockener Weißwein rundet den Genuss ab!

SALADE NIÇOISE

Für 2 Personen
Zubereitungszeit: 40 min
Zutaten:

100 g grüne Bohnen

1 rote Paprikaschote

2 Frühlingszwiebeln

2 Tomaten

2 Eier

1 Kartoffel

1 Knoblauchzehe

4 in Öl eingelegte Sardellenfilets

20 schwarze Oliven (ohne Stein)

Saft von einer Limette

4 EL Olivenöl

5 Basilikumblätter

Meersalz, schwarzer Pfeffer aus der Mühle

Zubereitung:

1. Die Bohnen putzen, dann in kochendem Salzwasser ca. 6 min bissfest kochen, in kaltem Wasser abschrecken, damit sie die grüne Farbe behalten. Abtropfen lassen.

2. Die Kartoffel kochen. Die Eier hart kochen. Die Paprikaschote längs vierteln, entkernen, abspülen und in feine Streifen schneiden. Die Frühlingszwiebeln in feine Ringe schneiden. Die Tomaten und die gekochten Eier vierteln. Die gekochte Kartoffel in Würfel schneiden.

3. Eine passende Schüssel mit der halbierten Knoblauchzehe ausreiben und alle Zutaten hineingeben. Die Sardellen klein schneiden und auf dem Salat verteilen. Mit den Oliven belegen.

4. Den Limettensaft, das Olivenöl, Salz und Pfeffer in einem Saucenmixer durchschütteln und über den Salat träufeln. Die Basilikumblätter als Garnitur obenauf legen.

Tipp: Natürlich kann man zusätzlich etwas in Öl eingelegten Thunfisch unterheben, was bei den Franzosen aber nicht selbstverständlich ist.

BRUSCHETTA DES SKIPPERS

Für 2 Personen
Zubereitungszeit: 25 min
Zutaten:

4 Scheiben schräg geschnittenes Baguette
2 EL Olivenöl
1 Fleischtomate
2 Knoblauchzehen (geschält)
2 EL gehacktes Basilikum (Kräuterbox)
1 getrocknete rote Chilischote
Meersalz, schwarzer Pfeffer aus der Mühle
1 Stück Parmesan

Zubereitung:

1. Den Knoblauch schälen und fein hacken. Eine halbe Zehe ganz lassen.

2. Baguettescheiben in einer Pfanne mit Olivenöl vorsichtig anrösten. Schwarze „Brandspuren" abkratzen. Die krossen Baguetteoberflächen mit der halben Knoblauchzehe einreiben.

3. Chilischote waschen, putzen und fein hacken.
Tomaten vierteln, entkernen und das Fruchtfleisch in Würfel schneiden. Mit dem gehackten Knoblauch und 2 EL Olivenöl in einer Schüssel vermengen. Mit Salz, Pfeffer und Chilischoten kräftig würzen.

4. Tomatenmasse auf die gerösteten Baguettescheiben verteilen und mit den gehackten Basilikumblätter bestreuen. Frischen Parmesan darüber hobeln. Nach Geschmack nochmals die Pfeffermühle drehen.

Dazu wieder Weißwein reichen. Ein Bierchen passt aber auch.

Variante: klein geschnittene Oliven oder Salamistückchen untermischen.

Tipp: Lecker schmeckt auch eine krosse, nur mit Knoblauch eingeriebene und Butter bestrichene Baguettescheibe. Etwas Salz muss aber noch sein.

DER KLASSISCHE GRIECHISCHE SALAT

Für 2 Personen
Zubereitungszeit: 40 min
Zutaten:

2 große Strauchtomaten

1 kleine Salatgurke

1 Schalotte

1/2 grüne Paprikaschote

10 schwarze Oliven (ohne Stein)

100 g Feta

1 TL Oregano (getrocknet)

5 EL Olivenöl

2 EL Zitronensaft

Meersalz, Pfeffer aus der Mühle

1 Bund gehackte glatte Petersilie (Kräuterbox)

1 Bund gehackter Oregano (Kräuterbox)

Zubereitung:

1. Tomaten in acht Spalten schneiden. Die Gurke schälen und in 1 cm dicke Scheiben schneiden. Zwiebel ebenfalls schälen und in Scheiben schneiden. Paprika putzen und in Würfel schneiden.

2. Für die Salatsauce frischen und getrockneten Oregano, Salz, Pfeffer mit Zitronensaft und Öl mischen.

3. In einer großen Schüssel Tomaten, Gurkenscheiben, Zwiebel und Paprika mit der Sauce gut durchmischen. Den Salat in Schalen geben, Feta darüber bröseln und mit Oliven, gehackter Petersilie und Oreganoblättern garnieren.

Dazu passt Weißbrot und wie fast immer ein Weißwein.

Tipp: Wichtig ist, den Salat komplett mit der Sauce zu vermischen. Kein Bestandteil darf trocken bleiben …
Also nicht nur darübergießen!

CAÇIK

Für 2 Personen
Zubereitungszeit: 15 min
(2 Std. Abtropfzeit)
Zutaten:
250 g türkischer Joghurt
100 g geschlagene Sahne
2 kleine Salatgurken
Salz, Pfeffer aus der Mühle
3 Knoblauchzehen

Zubereitung:

1. Den Joghurt in ein feines Sieb geben und mindestens 2 Std. abtropfen lassen.

2. Die Gurken schälen, entkernen, raspeln, salzen und ebenfalls ca. 2 Std. Wasser ziehen lassen.

3. Gurken ausdrücken und mit dem abgetropften Joghurt vermischen. Die Knoblauchzehen pressen und unterrühren. Sahne unterheben und mit Salz und Pfeffer abschmecken.

Wenn man Cacik pur liebt, dann mit etwas Olivenöl beträufeln, mit Pfeffer aus der Mühle bestäuben und auf geröstetem Weißbrot vernaschen.

Tipp: In den nächsten 24 h nach dem Genuss außer den Mitseglern niemanden kontaktieren.
… und Küssen geht gar nicht!

GEBACKENER FETA
MIT ZUCCHINI

Für 2 Personen
Zubereitungszeit: 40 min
Zutaten:

200 g festkochende Kartoffeln

200 g Zucchini

2 Schalotten (100 g)

1 Knoblauchzehe

10 schwarze Oliven (ohne Stein)

10 Zweige Thymian, gehackt (Kräuterbox)

250 g Feta

6 Kirschtomaten, halbiert

5 EL Olivenöl

1 ungespritzte Zitrone

Meersalz, Pfeffer aus der Mühle

Zubereitung:

1. Kartoffeln schälen, in dünne Scheibchen schneiden und ca. 6 min in Salzwasser kochen, in kaltem Wasser abschrecken, beiseite stellen, nach 5 min abtropfen lassen. Zucchini ebenfalls in Scheiben schneiden, salzen und Wasser ziehen lassen.

2. Kurz vor der Weiterverarbeitung Wasser abtupfen.

3. Schalotten schälen und in schmale Scheiben schneiden. Knoblauch schälen und fein hacken. Zitronenschale abreiben.

4. Alles zusammen mit den gehackten Thymianblättern und dem Olivenöl in einer Pfanne ca. vier Minuten andünsten. Salz und Pfeffer nach Geschmack.

5. Zwei Bogen Aluminiumfolie ausbreiten. Die Kartoffel- und Zucchinischeiben darauf je zur Hälfte verteilen. Jeweils die Hälfte des Fetas darüber legen und mit Oliven und Tomatenhälften garnieren. Alles mit den angedünsteten Schalotten-Knoblauch Würfeln bedecken. Mit etwas Olivenöl beträufeln und nochmals würzen.

6. Die Alufolien zu zwei Päckchen verschließen, auf ein Backblech legen und im vorgeheizten Backofen bei ca. 200 Grad 15 min backen.

Dazu passt Fladenbrot und wie fast immer ein Glas Wein.

Tipp: Statt Alufolie kann man natürlich auch Backpapier verwenden.

AUBERGINEN-ZUCCHINI-SALAT

Für 2 Personen
Zubereitungszeit:
50 min + ca. 1 Std. Marinierzeit
Zutaten:

250 g Auberginen

1 EL Weißweinessig

1 Lorbeerblatt

170 g Zucchini

250 g Fleischtomaten

3 EL schwarze Oliven (ohne Stein)

1 Bund Frühlingszwiebeln

150 g Schafskäse

1 Stiel Minze (Kräuterbox)

Blätter von 1/2 Bund Basilikum (Kräuterbox)

6 EL Olivenöl

3 EL Rotweinessig

Meersalz, schwarzer Pfeffer aus der Mühle

 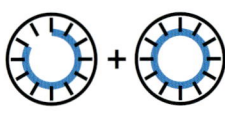

Zubereitung:

1. Zucchini putzen und längs in 1/2 cm dicke Scheiben schneiden, dann quer ebenfalls in 1/2 cm
Streifen schneiden, mit Salz bestreuen und zugedeckt 1/2–1 Std. Wasser ziehen lassen.

2. Auberginen ebenso wie die Zucchini schneiden.
1 l Wasser mit dem Lorbeerblatt und Weißweinessig zum Kochen bringen. Die Auberginenstreifen darin 3 min blanchieren.

3. Tomaten häuten, entkernen und das Tomatenfleisch in 1/2 cm große Würfel schneiden. Oliven halbieren. Frühlingszwiebeln nach dem Putzen in kleine Ringe schneiden.

4. Zucchinistreifen mit Küchenkrepp abtupfen. Zucchini, Auberginen, Tomatenwürfel, Oliven, Frühlingszwiebeln und den zerbröckelten Schafskäse in einer Schüssel gut durchmischen.

5. Olivenöl, Rotweinessig, Salz, Pfeffer und eine Prise Zucker im Schüttelmixer zu einem Salatdressing verarbeiten und über die Zutaten in der Schüssel geben.

6. Minze- und Basilikum hacken. Die Hälfte davon in die Schüssel geben und alles vorsichtig vermischen.
Ca. 1 Std. kühl durchziehen lassen.

7. Kurz vor dem Servieren die restlichen Kräuter darüber streuen.

Dieser Salat wird in der Türkei gern mit etwas Weißbrot und einem kühlen Roséwein genossen.

Tipp: Das Salatdressing muss alle Salatzutaten erreichen. Dann mundet alles noch viel besser.

CARPACCIO VON KARTOFFELN MIT ZIEGEN-KÄSE UND PESTO

Für 2 Personen
Zubereitungszeit: 50 min
Zutaten:

200 g festkochende Kartoffeln
400 ml Gemüsebrühe (Brühwürfel)
10 schwarze Oliven (ohne Stein)
1 Packung Kresse (Kräuterbox)
3 Stiele Basilikum (Kräuterbox)
2 EL Pinienkerne
1 TL Honig
5 EL Rapsöl
2 EL Condimento bianco (Mazzetti)
Meersalz, Pfeffer aus der Mühle
2 Ziegenfrischkäse à 100 g
2 EL Mehl
Nussöl (Haselnuss oder Erdnuss)

Zubereitung:

1. Kartoffeln schälen, in dünne Scheibchen schneiden und ca. 3 min in der Gemüsebrühe kochen. Brühe abgießen und die Kartoffelscheibchen trocken tupfen und auf den Tellern als Carpaccio überlappend anrichten.

2. Kresse und Basilikum, Pinienkerne, Honig, etwas Salz und 5 EL Rapsöl in einem Mörser zu einem Pesto verarbeiten. Condimento bianco, das ist ein milder Weißweinessig mit einreduziertem Traubensaft, unterarbeiten.

3. Die Ziegenfrischkäse in Mehl wenden und in einer mit dem Nussöl beträufelten Pfanne von beiden Seiten goldbraun backen.

4. Den Käse mittig auf die Kartoffelscheibchen legen, mit dem Pesto beträufeln und mit einigen Kresseblättern garnieren.

Wir haben dazu einen Weißwein aus der Region getrunken.

Tipp: Wenn kein Mörser zur Verfügung steht, wäre ein Schneidstab sehr hilfreich. Wenn alle Taue reißen, dann muss man sehr viel hacken.

DUBROVNIK

ŠIPAN

SPAGHETTI AGLIO E OLIO

Für 2 Personen
Zubereitungszeit: 45 min
Zutaten:

300 g Spaghetti

3 Knoblauchzehen (geschält)

3 Stiele gehackte glatte Petersilie (Kräuterbox)

2 getrocknete rote Chilischoten

1 Zitrone

5 EL Olivenöl

Meersalz, schwarzer Pfeffer aus der Mühle

Zubereitung:

1. Knoblauch fein würfeln bzw. hacken. Chilischoten putzen und in feine Ringe schneiden.

2. Sofort die Finger waschen … Zitrone in dünne Scheiben schneiden.

3. In einem großen Topf 3 Liter Meerwasser (oder gesalzenes Wasser) zum kochen bringen. Spaghetti darin bissfest garen (max. 10 min). Spaghetti in ein Sieb abgießen und abtropfen lassen.

4. In einer großen Pfanne das Olivenöl erhitzen, Knoblauch und Chili darin anbraten. Gehackte Petersilie unterrühren und Zitronenscheiben zufügen. Nach ca. 2 min die Spaghetti dazu geben und gut durchschwenken. Mit Salz und Pfeffer würzen.

5. Auf Spaghetti-Teller verteilen, die restliche Petersilie darüber streuen. Eventuell mit schwarzen Oliven anrichten.

Dazu Weißwein (lieben wir) oder Rotwein je nach persönlicher Vorliebe.

Tipp: Nochmals, nach der Verarbeitung der Chilischoten sofort die Hände waschen … Die Finger an der falschen Stelle könnten böse Folgen haben …

SPAGHETTI FÜR EINEN SCHARFEN ABEND

Für 2 Personen
Zubereitungszeit: 45 min
Zutaten:

250 g reife Tomaten
1 kleines Bund gehackte glatte
Petersilie (Kräuterbox)
50 g schwarze Oliven (ohne Stein)
2 EL Kapern
2 Knoblauchzehen (geschält)
2 Sardellenfilets
1 getrocknete rote Chilischote
1 EL Tomatenmark, Paprikamark geht
natürlich auch …
200 g Spaghetti
4 EL Olivenöl
50 g eingelegter Schafskäse
Meersalz, schwarzer Pfeffer aus der Mühle

Zubereitung:

1. Tomaten häuten, entkernen und das Fruchtfleisch in kleine Würfel schneiden.

2. Oliven, Kapern und Knoblauch fein hacken. Sardellen-filets kurz wässern, abtupfen und feinst hacken. Chilischote entkernen und in feine Ringe schneiden.

3. Knoblauch und Chili in dem Olivenöl andünsten. Tomatenfleisch, Tomatenmark und Sardellen unterrühren. Alles etwa 1/4 Std. köcheln lassen.

4. Oliven und Kapern unter Rühren in die Sauce geben, mit Salz und Pfeffer würzen.

5. In einem großen Topf 3 Liter Meerwasser (oder gesalzenes Wasser) aufkochen. Spaghetti darin bissfest garen (max. 10 min).

6. Spaghetti abgießen und mit der Sauce mischen. Auf Spaghetti-Teller verteilen, mit gehackter Petersilie und Schafskäse bestreuen.

Dazu ein Glas Wein – je nach persönlicher Vorliebe.

Tipp: Nach der Verarbeitung der Chilischote sofort die Hände waschen.

MALLORQUINISCHE TORTILLA

Für 2 Personen
Zubereitungszeit: 30 min
Zutaten:

200 g Kartoffeln

1 Zucchini

1 Knoblauchzehe

1 Zwiebel

100 g Chorizo

3 Eier

3 Stiele glatte Petersilie (Kräuterbox)

1 TL frische Oreganoblätter (Kräuterbox)

2 EL Olivenöl

Meersalz, Pfeffer aus der Mühle

Zubereitung:

1. Die rohen Kartoffeln schälen und würfeln. Die Zucchini putzen, die Zwiebel und den Knoblauch schälen und alles fein würfeln. Die Chorizo in etwas größere Würfel schneiden.

2. 1 EL Olivenöl in einer Pfanne erhitzen, Kartoffeln und Zwiebeln darin ca. 5 min anbraten, mit Salz und Pfeffer würzen. Knoblauch dazu geben und 5 min weiterbraten. Zucchini und Chorizowürfel einrühren und mit Oregano bestreuen. Weitere 5 min braten.

3. Die Eier verquirlen, die gehackte Petersilie unterheben, mit Salz und Pfeffer würzen und über die Kartoffel-Zucchini-Masse gießen. Alles ca. 7 min stocken lassen.

4. Das Omelett mithilfe eines Tellers wenden. Das restliche Öl in die Pfanne geben und auch die zweite Seite goldgelb braten.

5. Etwas abkühlen lassen und in Tortenstücke schneiden. Auch auf Mallorca isst man die Tortilla als Tapa zu einem kühlen Bier.

Tipp: Man sollte die Pfannengröße (wenn unterschiedliche Pfannen zur Verfügung stehen) so bemessen, dass die Omeletthöhe nicht mehr als ca. 2 1/2 cm beträgt.

DJUVEC REIS

Für 2 Personen
Zubereitungszeit: 30 min
Zutaten:

3/4 Tasse Langkornreis

1 Knoblauchzehe

1 Zwiebel

1 EL Butter

1 Dose stückige Tomaten (Einwaage 250 g)

1 Kapsel Hühnerbouillon pur (Knorr)

1/2 TL Zucker

1/2 TL Paprikapulver

3/4 Tasse Erbsen

2 EL Ajvar (Paprikamus)

1/4 rote Paprikaschote

1 Tasse Abtropfwasser (von den stückigen Tomaten)

1 EL gehackte Petersilie (Kräuterbox)

Meersalz, Pfeffer aus der Mühle

Zubereitung:

1. Tomaten aus der Dose abtropfen lassen. Wasser auffangen. Zwiebel schälen und hacken. Knoblauchzehe pressen. Paprikaschote würfeln.

2. Zwiebel und Knoblauch in Butter andünsten. Reis, Tomatenstücke, Hühnerbouillon, Ajvar hinzufügen und mit den Gewürzen abschmecken. Erbsen und gewürfelte Paprikaschote hinzugeben und alles ca. 20 min köcheln lassen. Dabei laufend etwas Abtropfwasser hinzufügen, damit sich die Masse nicht anlegt.

3. Vor dem Servieren Petersilie untermischen.

TOSKANAPFANNE MIT HÄHNCHENBRUST

Für 2 Personen
Zubereitungszeit: 50 min
Zutaten:
2 Hähnchenbrustfilets à 200 g
6 nicht zu große Kartoffeln
(möglichst neue mit dünner Schale)
6 kleinere Zwiebeln oder Schalotten
1 rote Paprikaschote
2 eingelegte, getrocknete Tomaten
8 Knoblauchzehen
2 Zweige Rosmarin (Kräuterbox)
5 Zweige Thymian (Kräuterbox)
1 getrocknete Chilischote
1 EL grobes Meersalz
Olivenöl

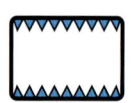

Zubereitung:

1. Kartoffeln waschen, halbieren. Die Zwiebeln schälen und ebenfalls halbieren. Paprikaschote vierteln, entkernen und in Längsstreifen schneiden. Getrocknete Tomaten in kleine Würfel schneiden.

2. Die Hähnchenbrustfilets in 3 x 3 cm große Stücke schneiden, mit Salz, Pfeffer und 1 gepressten Knoblauch-zehe würzen und in 3 EL Olivenöl marinieren.

3. Backblech mit Olivenöl einpinseln. Die Kartoffeln und Zwiebeln jeweils mit der angeschnittenen Fläche nach unten auf dem Backblech verteilen. Hähnchenstücke und Paprikastreifen zwischen den anderen Zutaten verteilen und die getrockneten Tomaten über dem Blech verstreuen. Rosmarinnadeln und Thymianzweige zwischen die Zutaten legen. Eine getrocknete Chilischote über dem Blech zerreiben. Alles mit etwas Olivenöl beträufeln.

4. Die restlichen 7 Knoblauchzehen klein hacken, mit dem Meersalz mischen und am Rande um das Backblech verteilen.

5. Das Backblech im Backofen ca. 30–45 min backen, bis alle Bestandteile gar sind (30 min bei 200 Grad).

Diesmal empfehlen wir einen trockenen aber samtigen Rotwein.

Tipp: Bei mehr als 4 Personen an 2. Backblech denken!

DIE LECKERSTEN SCHENKEL DER WELT

Für 2 Personen
Zubereitungszeit: 60 min
Zutaten:

2 Hähnchenschenkel (bei großem Hunger 4)

2 Knoblauchzehen

Rosenpaprika

Salz, Pfeffer

3 große, fleischige Tomaten

1/4 l Vermouth (z.B. weißer Cinzano oder Martini)

je 2 Zweige Rosmarin, Thymian (Kräuterbox)

1 Becher Sahne

Zubereitung:

1. Die Hähnchenschenkel von Randfett befreien, mit Knoblauch, viel Paprika, Salz und Pfeffer massieren.

2. Tomaten waschen, häuten und die Kerne mit einem Teelöffel herausschälen. Tomatenfleisch in Längsstreifen schneiden.

3. Das Fleisch in einer großen Pfanne mit Olivenöl scharf anbraten. Den Bratenfond mit Vermouth aufgießen und sanft köcheln lassen. Kräuter dazulegen, Deckel auf die Pfanne legen und das Ganze ca. 30 min weiter köcheln lassen. Von Zeit zu Zeit umrühren.

4. Wenn die Schenkel gar sind, Tomatenstücke hinzugeben und zusammen mit der Sahne nochmals bei milder Temperatur 10 min ziehen lassen.

Dazu passt am besten Baguette. Auch Reis könnte man servieren.

Dazu empfehlen wir einen trockenen Weißwein, denn die leckere Sauce ist schon etwas süßlich.

Tipp: Statt Vermouth kann auch Marsala genommen werden, ggf. auch etwas mehr …

FENCHEL UND TOMATEN IM BACKOFEN

Für 2 Personen
Zubereitungszeit: 60 min
Zutaten:

1 Fenchelknolle

10 Cocktailtomaten

10 Oliven (ohne Stein)

10 Zweige Thymian (Kräuterbox)

1 Knoblauchzehe

Meersalz, Pfeffer aus der Mühle

0,1 l Vermouth (z. B. weißer Cinzano oder Martini)

Olivenöl

30 g Butter

Zubereitung:

1. Backofen auf 200 Grad vorheizen.

2. Die grünen Abschnitte der Fenchelknolle fein schneiden und auf ein Backblech verteilen.

3. Die eigentliche Knolle in 8 Teile schneiden und in siedendem Salzwasser garen (ca. 10 min), herausnehmen, abtropfen lassen und auf das Backblech legen.

4. Tomaten waschen, 30 sek im heißen Fenchelwasser blanchieren, abschrecken, häuten und ebenfalls auf dem Backblech verteilen.

5. Oliven, Thymian (Blättchen) und feingehackten Knoblauch darüber verstreuen. Mit Salz und Pfeffer würzen. 2 EL Olivenöl darüber träufeln. Butterflocken auf dem Backblech verteilen, dann in den Backofen schieben. Vermouth zugießen.

Nach ca. 30 min Backzeit servieren.

Dazu passt am besten Baguette, damit der leckere Sud aufgestippt werden kann.

Tipp: Mit Weißwein abschmecken, falls die Süße des Vermouths zu dominant ist.

GEBACKENER KABELJAU MIT SERRANOSCHINKEN

Für 2 Personen
Zubereitungszeit: 60 min
Zutaten:

2 Filets vom Kabeljau 150 g (in Form geschnitten)
8 Scheiben roher Serranoschinken
2 in Öl eingelegte, getrocknete Tomaten
10 Stiele Basilikum (Kräuterbox)
Meersalz, Pfeffer aus der Mühle
weitere Kräuter nach Geschmack

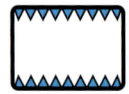 

Zubereitung:

1. Basilikumblätter und Tomaten feinst schneiden und mit dem Tomatenöl zu einer Paste verarbeiten. Wenn ein Pürierstab verfügbar ist, alles noch weiter zerkleinern.

2. Vier Scheiben Schinken überlappend nebeneinander auf ein Stück Pergamentpapier legen. Die Paste darauf verstreichen und die Fischstücke darin einrollen. (Das Papier hilft beim Rollen, danach wegwerfen!)

3. Eine feuerfeste Form mit Olivenöl einstreichen und die Fischröllchen hineinlegen.

4. Backofen auf 70 Grad stellen und die Röllchen ca. 15 min backen.

Dazu passt Weißbrot oder ein Kartoffelpüree, das mit viel „guter Butter" zubereitet wird.

Vor dem Anrichten die Röllchen schräg anschneiden. (Man will doch auch sehen, was man isst.)

Dazu empfehlen wir einen trockenen Weißwein.

Tipp: Natürlich kann hier auch jeder andere festfleischige Fisch verwendet werden.

RATATOUILLE

Für 2 Personen
Zubereitungszeit: 80 min
Zutaten:

1 mittelgroße Aubergine

1 große Fleischtomate

1 mittelgroße Zucchini

2 kleine Paprikaschoten (rot und gelb)

2 Knoblauchzehen

1 Lorbeerblatt

1 Rosmarinzweig (Kräuterbox)

1/2 Bund glatte Petersilie (Kräuterbox)

1/2 Bund Thymian (Kräuterbox)

3 EL Olivenöl

Meersalz, schwarzer Pfeffer aus der Mühle

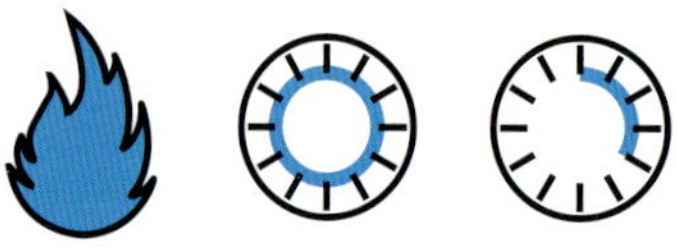

Zubereitung:

1. Die Aubergine schälen und in Würfel schneiden. Die Tomate häuten und würfeln. Die Zucchini halbieren und in 1 cm dicke Scheiben schneiden. Die Paprikaschoten halbieren, entkernen und in schmale Streifen schneiden.

2. Öl in einem Schmortopf erhitzen, das Gemüse zugeben und anschmoren. Den geschälten Knoblauch pressen und dazugeben. Alle Kräuter mit Küchenzwirn zu einem Bund zusammenbinden und in den Topf legen. Mit 100 ml kaltem Wasser aufgießen (besser Hühnerbrühe).

3. Deckel drauf und auf großer Flamme zum Kochen bringen. Danach Hitze reduzieren und ca. 1 Std. köcheln.

4. Den Kräuterbund entfernen und das Ratatouille als Gemüsebeilage oder eigenständige Vorspeise servieren.

Dazu vielleicht einen roten Bandol …

CÔTES DE VEAU AU FOUR (ÜBERBACKENES KALBS-KOTELETT)

Für 2 Personen
Zubereitungszeit: 35 min
Zutaten:
100 g geriebener Comté-Käse
1 Ei
2 EL Crème fraîche
Muskatnuss
20 g Butter
2 Kalbskoteletts à 180 g
Meersalz, Pfeffer aus der Mühle

Zubereitung:

1. Den Backofen auf 200 Grad vorheizen.

2. Den geriebenen Käse in einer Schüssel mit dem Ei und der Crème fraîche verquirlen. Mit Muskatnuss, Salz und Pfeffer würzen.

3. Die Butter in einer Pfanne erhitzen und die Koteletts darin von jeder Seite ca. 3 min anbraten.

4. Koteletts in eine feuerfeste Form geben und mit der Käsemasse bestreichen. Im Backofen ca. 15 min überbacken.

Als Beilage empfehlen wir Ratatouille (Rezept Seite 76). Man kann dazu auch nur Baguette reichen.

Ein frischer Beaujolais passt.

Tipp: Statt Kalb kann man auch sehr gut Hähnchenbrustfilets verwenden.

RINDFLEISCH IN PFEFFERSAUCE

Für 2 Personen
Zubereitungszeit: 45 min
Zutaten:

300 g mageres Rindfleisch
(am besten Roastbeef)
2 große rote Zwiebeln
2 Paprikaschoten (gelb und rot;
bei 2 Personen brauchen wir aber nur
je 1/2 Schote)
6 EL Sonnenblumenöl oder Rapsöl
20 grob gemahlene schwarze Pfefferkörner
(am besten frisch aus der Mühle)
1 EL Tomatenmark
3 EL Sojasauce
Paprikapulver, Salz
3 Stiele Koriander (Kräuterbox)

Zubereitung:

1. Rindfleisch in 1/2 cm dicke Scheiben schneiden. Jede Scheibe nicht größer als eine Visitenkarte (Form spielt natürlich keine Rolle). Kräftig pfeffern, mit Paprikapulver würzen, mit 4 EL Öl und der Sojasauce mischen, durchkneten und ca. 1 Std. marinieren lassen.

2. Zwiebel schälen, halbieren, in dünne Scheiben schneiden. Paprikaschoten entkernen, in 4 mm dünne Streifen schneiden.

3. Die restlichen 2 EL Öl in einer großen Pfanne erhitzen, die Zwiebel und die Hälfte der Paprikastreifen darin anbraten, den restlichen Pfeffer und das Tomatenmark hinzufügen. Alles bei niedriger Hitze schmoren lassen.
Achtung: immer etwas Wasser (ggf. Rinderfond) zur Hand haben, um ablöschen zu können. Es darf sich nichts anlegen. Nach ca. 8–9 min Rindfleisch mit Marinade dazugeben, unterrühren und ca. 2 min mitbraten lassen. Die restlichen Paprikastreifen hinzufügen. Nachdem die Flüssigkeit sämig geworden ist, mit Salz abschmecken.

4. Das Gericht auf Tellern anrichten, mit Koriander- oder anderen Kräuterblättchen bestreuen.

Dazu Fladenbrot oder anderes Weißbrot reichen.
Na, und jeder trockene Wein passt, auch ein leckeres Bierchen.

BABYCALAMARES MIT SPAGHETTI

Für 2 Personen
Zubereitungszeit: 45 min
Zutaten:

200 g Babycalamares

100 g Spaghetti

3 Knoblauchzehen (geschält)

2 Stiele gehackte glatte Petersilie (Kräuterbox)

2 Knoblauchzehen (geschält)

1 getrocknete rote Chilischote

2 Limettenviertel

3 EL Olivenöl

Meersalz, schwarzer Pfeffer aus der Mühle

Zubereitung:

1. Babycalamares waschen und trocken tupfen.

2. Knoblauch fein würfeln. Die Petersilienblättchen abzupfen und fein hacken. Chilischote putzen und in feine Stücke schneiden.
Sofort die Finger waschen … Limette vierteln. Wird erst beim Anrichten gebraucht.

3. In einem großen Topf 3 Liter Meerwasser (oder gesalzenes Wasser) aufkochen. Spaghetti darin bissfest garen (max. 10 min).
Spaghetti in ein Sieb abgießen und abtropfen lassen.

4. In einer Pfanne das Olivenöl erhitzen, Knoblauch und Chili darin anbraten. Die Hälfte der gehackten Petersilie unterrühren. Nach ca. 3 min die Babycalamares zugeben und mehrfach gut durchrühren. Mit Salz und Pfeffer würzen. Den Sud bis auf 2 Esslöffel einkochen lassen.

5. Die Calamares mit den Spaghetti auf tiefen Tellern anrichten. Je Portion den Sud und einen Esslöffel Olivenöl darüber träufeln. Mit dem Rest Petersilie bestreuen, pfeffern. Mit Limettenvierteln garnieren.

Dazu empfehlen wir einen Weißwein von der Loire.

Tipp: Nochmals, nach der Verarbeitung der Chili sofort die Hände waschen …

KROATISCHER EINTOPF

Für 2 Personen
Zubereitungszeit:
30 min + ca. 2 Std. Garzeit
Zutaten:

500 g Kohl
(am besten Spitzkohl oder Wirsing)
1 Paprikaschote
1 Möhre
1 Dose geschälte Tomaten (Einwaage 250 g)
Meersalz, Pfeffer aus der Mühle
200 g Kalbfleisch
200 g geräucherter Kassler Nacken
(ohne Knochen)
5 EL Olivenöl
2 dickere Scheiben geräucherter Schinken

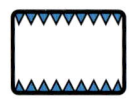 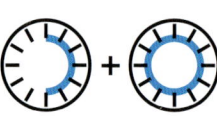 

Zubereitung:

1. Die äußeren Blätter vom Kohl entfernen und den Strunk herausschneiden. Grob zerkleinern. Paprikaschote würfeln. Möhre schälen und in Scheiben schneiden. Tomaten abtropfen lassen.

2. Kohl, Paprika und Möhrenscheiben in einer großen Schüssel mischen, mit Salz und Pfeffer würzen.

3. Kalbfleisch und Kassler in 2 x 2 cm große Würfel schneiden, salzen und pfeffern.

4. Jetzt kommt es: Wir brauchen einen großen verschließbaren Topf (am besten aus Eisen oder einen gewässerten Römertopf), der in den Backofen passt. Darin das Gemüse, das Fleisch und die Tomaten schichten. Etwas zusammendrücken und das Öl darüber verteilen. Nochmals würzen. Mit den Schinkenscheiben abschließen. Deckel drauf und bei 200 Grad in den Backofen. Nach ca. 2–2 1/2 Std. ist alles gar.

Mit Crème fraîche und Fladenbrot servieren.

Dauert lange, ist aber lecker und ideal, wenn man mal früh ankert!

Dazu trinken wir wieder Weißwein!!

POLACE

FISCHSUPPE
(schmeckt natürlich nicht nach Fisch)

Für 2 Personen
Zubereitungszeit: 60 min
Zutaten:

400 g Fischkarkassen (Gräten, Haut, Köpfe)

350 g festkochendes Fischfilet (Goldbrasse,
Seeteufel, Lachs, Merlan, Rotbarsch)

50 g Krevetten, Flusskrebse oder Krabben

1 große Gemüsezwiebel und/oder

2 Stangen Lauch

1 Karotte und 1 Stück Sellerie (ca. 100 g)

5 Zweige Thymian (Kräuterbox)

2 Lorbeerblätter, 5 Wacholderbeeren

100 ml Weißwein

4 Knoblauchzehen (geschält)

2 EL Olivenöl

1/2 Becher Sahne

Meersalz, schwarzer Pfeffer aus der Mühle

Zubereitung:

1. Fischkarkassen waschen. Kiemen aus Köpfen entfernen.

2. Lauch, Zwiebel, Sellerie, Karotte schälen, würfeln und in einem größeren Topf mit Olivenöl andünsten ohne aber Farbe nehmen zu lassen.

3. Fischkarkassen dazugeben. Zwei Knoblauchzehen andrücken und mit den Lorbeerblättern, den Wacholderbeeren und dem Thymian in den Topf geben. Alles mit Wasser aufgießen bis der Inhalt bedeckt ist, dann ca. 40 min köcheln lassen.

4. Den Fischfond durch ein großes Sieb passieren. Siebinhalt ggf. erneut mit etwas Wasser aufkochen und zum Sud geben. Siebinhalt wegwerfen. Den Sud mit dem Wein auffüllen und auf 400 ml einkochen. Fischfilets in 4 x 4 cm große Stücke schneiden und in dem heißen Sud ca. 5 min ziehen lassen. Krevetten dazugeben.

5. Sahne schlagen und zwei gepresste Knoblauchzehen mit etwas Salz untermontieren. Suppe in Suppentassen servieren und einen ordentlichen Schlag Knoblauchsahne darauf schwimmen lassen. Pfeffern und servieren.

Tipp: Eventuell von der Karotte ein paar Abschnitte retten, klein würfeln und zur Deko verwenden. Auch etwas grüne Kräuter machen sich zur Deko gut. Eigentlich gehören Muscheln dazu. Wir mögen sie aber nicht so gern.

HÄHNCHENSCHENKEL MIT ROTWEIN

Für 2 Personen
Zubereitungszeit: 80 min
Zutaten:

2 Hähnchenschenkel (bei großem Hunger 4)
250 g kleinere Schalotten
2 Knoblauchzehen
1 EL gehackte Rosmarin-Nadeln (Kräuterbox)
2 EL gehackte Petersilie (Kräuterbox)
1 Lorbeerblatt
70 g geräucherter Speck
Meersalz, schwarzer Pfeffer aus der Mühle
3 EL Olivenöl
1/2 Flasche trockener Rotwein
70 ml roter Portwein
150 g kleine Pilze (z.B. Cremechampignons)
15 g Butter

  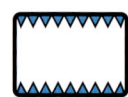  

Zubereitung:

1. Schalotten schälen. Eine halbe Knoblauchzehe zum Einreiben der Hähnchen aufbewahren, den Rest schälen und klein würfeln. Speck ebenfalls in kleine Würfel schneiden.

2. Die Hähnchenschenkel von Randfett befreien, mit Knoblauch, Salz und Pfeffer einreiben.

3. Die Schenkel in einem großen Topf (oder Pfanne) mit Olivenöl scharf anbraten, bis sie Farbe annehmen. Die Schenkel herausnehmen und kurz beiseitestellen. Speck, Knoblauch und Schalotten in dem Topf andünsten. Mit Rotwein und Portwein ablöschen und leicht köcheln lassen. Gehackte Kräuter und Lorbeerblatt dazulegen. Nach wenigen Minuten Hähnchenschenkel wieder in den Topf geben. Deckel drauf und das Ganze ca. 30 min weiter köcheln lassen. Von Zeit zu Zeit umrühren.

4. Backofen auf 200 Grad vorheizen. Pilze trocken putzen (ggfls. halbieren) und in einer Pfanne mit etwas Butter anbraten. Mit Salz und Pfeffer würzen. Nach ca. 5 min zu den Schenkeln … legen. Wenn die 30 Köchelminuten vorbei sind, auch die Kuschelzeit beenden, d. h. die Schenkel aus dem Topf nehmen und auf ein Backblech legen. Im Backofen die Haut knusprig werden lassen.

5. Die Schenkel anrichten, mit der Sauce umgießen und mit Baguette servieren.

Dazu empfehlen wir einen trockenen Rotwein.

Nun mögen alle Zutaten mit dem Gaumen kuscheln …

Tipp: Die Sauce gern noch etwas einkochen lassen. Sie wird dann geschmacksintensiver.

LAMMKARREE MIT AUBERGINEN

Für 2 Personen
Zubereitungszeit: 50 min
Zutaten:

6 Lammkoteletts mit Stil (am Stück)

1 Aubergine

4 fleischige Tomaten

20 Oliven (ohne Stein)

5 Knoblauchzehen (1 geschält)

Olivenöl, Balsamico-Essig

2 TL Oregano (getrocknet)

je 2 Stiele Basilikum und Majoran (Kräuterbox)

10 Stiele Minze (Kräuterbox)

Meersalz, schwarzer Pfeffer aus der Mühle

Zucker

 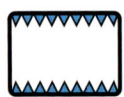

Zubereitung:

1. Backofen auf 200 Grad vorheizen.

2. Aubergine in 2 cm dicke Scheiben schneiden, mit Olivenöl bestreichen und in einer beschichteten Pfanne vorsichtig anbraten.

3. Tomaten halbieren und am besten entkernen. Gebratene Auberginenscheiben, Tomatenhälften und vier ungeschälte Knoblauchzehen in einen Bräter legen, mit Oregano, Salz und Pfeffer würzen. Frische Basilikum- und Majoranblätter über die Tomaten verteilen.

4. Das Lammstück parieren, mit dem Saft einer gepressten (vorher geschälten) Knoblauchzehe einreiben, salzen, pfeffern und mit getrocknetem Oregano bestreuen. Das Lamm in der Pfanne mit 1 EL Olivenöl rundum anbraten (max. 5 min).

5. Das Lammstück mit der glatten Fläche nach oben im Bräter zwischen den Auberginen und Tomaten platzieren. Alles im Backofen ca. 30 min backen. Nach 2/3 der Backzeit die Oliven dazugeben.

6. Minze mit etwas Salz, Zucker, 2 EL Balsamico-Essig und 4 EL Olivenöl zu einem Pesto pürieren.

7. Fleisch in Koteletts schneiden und mit dem Auberginen-Tomaten-Gemüse anrichten. Pesto darüber träufeln.

Tipp: Dazu einen trockenen Rotwein.

KRÄUTERSPAGHETTI MIT SCHINKEN

Für 2 Personen
Zubereitungszeit: 45 min
Zutaten:

1 Bund Kräuter (glatte Petersilie, Estragon,
Schnittlauch, Kresse, Oregano, etc. aus der Kräuterbox)
2 Eier
1 Becher Schlagsahne
125 g geräucherter Schinken
300 g Spaghetti
30 g Butter
2 EL gehobelter Parmesan
Meersalz, schwarzer Pfeffer aus der Mühle

Zubereitung:

1. Die Kräuter fein hacken, mit den Eiern und der Sahne (unter Verwendung eines Mixstabes) zu einem Püree verarbeiten.

2. Die Spaghetti in kochendem Salzwasser al dente garen und abtropfen lassen. Eine halbe Tasse Kochwasser aufbewahren.

3. Den Schinken in feine Streifen schneiden und in einer Pfanne mit der Butter erhitzen. Spaghetti und etwas Kochwasser in die Pfanne geben. Die Kräutermasse ebenfalls. Alles kurz erwärmen.
Mit Salz und Pfeffer würzen und den Parmesan darüber streuen.

MEINE MOUSSAKA (HACKFLEISCH MIT GEMÜSE)

Für 2 Personen
Zubereitungszeit: 90 min
Zutaten:

250 g Hackfleisch
(Lamm, Rind oder Schwein)
200 g Kartoffeln
1 kleine Aubergine
1 EL Thymianblätter (Kräuterbox)
1 Knoblauchzehe (geschält)
1 EL gehackte Rosmarin-Nadeln (Kräuterbox)
2 Tomaten
2 kleine Zwiebeln
7 EL Olivenöl
4 Eier, 60 ml Milch
Meersalz, schwarzer Pfeffer aus der Mühle

  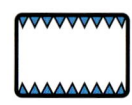  

Zubereitung:

1. Backofen auf 200 Grad vorheizen.

2. Kartoffeln schälen und in dünne Scheiben schneiden. Aubergine in 1/2 cm dicke Scheiben schneiden, salzen und ca. 1/2 Stunde entwässern. Boden der Auflaufform mit Olivenöl bedecken und die Kartoffelscheiben darauf verteilen, salzen und pfeffern. Die Hälfte der Rosmarin-Nadeln darüber verstreuen. Die Kartoffeln ca. 20 min im Backofen garen.

3. Tomaten waschen, häuten und in 1/2 cm dicke Scheiben schneiden. Zwiebeln und Knoblauch schälen, fein würfeln und in 4 EL Olivenöl dünsten. Darin das Hackfleisch ca. 5 min anbraten. Mit Salz, Pfeffer, Thymian würzen und alles auf den Kartoffeln verteilen. Wieder in den Backofen schieben und weiter garen, bis das Hackfleisch eine trockene Bräune annimmt.

4. Auberginen abtupfen. Das restliche Olivenöl erhitzen, darin die Auberginen von beiden Seiten anbraten. Die Tomaten- und Auberginen abwechselnd auf dem Hackfleisch verteilen. Die restlichen Rosmarin-Nadeln darüber geben. Erneut salzen und pfeffern.

5. Jetzt Eier und Milch verquirlen, würzen und über die Moussaka träufeln. Den Auflauf wieder in den Backofen stellen und noch eine 1/2 Std. backen bis die Oberfläche leicht braun wird.

Dazu einen griechischen Weißwein (Retsina passt) reichen.

GARNELEN MIT PAPRIKA

Für 2 Personen
Zubereitungszeit: 90 min
Zutaten:

6 rohe Riesengarnelen mit Schale

2 Paprikaschoten (rot und gelb)

1 rote Zwiebel

1 EL schwarze Oliven (ohne Stein)

1 EL Thymianblätter (Kräuterbox)

1 Knoblauchzehe (geschält)

1 EL gehackte Basilikumblätter (Kräuterbox)

1 EL Kapern

3 EL Olivenöl

Cayennepfeffer

Meersalz, schwarzer Pfeffer aus der Mühle

  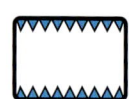  

Zubereitung:

1. Backofen auf 200 Grad vorheizen.

2. Die Paprikaschoten vierteln, entkernen und anbraten (oder auf einem Backblech grillen) bis die Haut Blasen wirft und sich abziehen lässt.

3. Die geschälten Paprikaschoten längs in Streifen schneiden. Die Zwiebel und den Knoblauch schälen und in Scheiben schneiden.

4. Thymian mit dem Knoblauch und der Zwiebel in eine Pfanne mit 2 EL Olivenöl ca. 5–6 min andünsten. Paprika-streifen dazugeben und mit Salz und Pfeffer würzen. Oliven, die Hälfte des gehackten Basilikum und Kapern untermischen.

5. Die Garnelen bis auf den Schwanz schälen. Darm entfernen.

6. Zwei Backpapierbögen quadratisch zuschneiden (ca. 40 x 40 cm). Darauf die Paprikafüllung je zur Hälfte verteilen und jeweils drei Garnelen darauf legen. Mit Olivenöl beträufeln und mit Salz und Cayennepfeffer würzen. Restliches Basilikum darüber streuen.

7. Das Papier zu Päckchen falten. Gut verschließen, auf ein Backblech legen und 1/4 Std. backen. Päckchen öffnen, auf Teller anrichten und servieren.

Dazu einen trockenen Weißwein reichen.

ZUCCHINI MIT SCHAFSKÄSE

Für 2 Personen
Zubereitungszeit: 45 min
Zutaten:

2 Zucchini

100 g schwarze Oliven (ohne Stein)

1 Knoblauchzehe (geschält)

50 g Pinienkerne oder andere Nüsse

1 getrocknete rote Chilischote

1 EL Kapern

4 Stiele gehackte glatte Petersilie
(Kräuterbox)

10 Kirschtomaten

150 g eingelegter Schafskäse

6 EL Olivenöl

Rosenpaprikapulver

Meersalz, schwarzer Pfeffer aus der Mühle

Zubereitung:

1. Backofen auf 200 Grad vorheizen.

2. Die Zucchini längs in 1/2 cm dicke Scheiben schneiden.

3. Oliven, Pinienkerne und Petersilie klein hacken. Chilischote entkernen und in feine Röllchen schneiden. Knoblauch pressen. Alles mit den Kapern vermengen. Die Hälfte des Olivenöls dazugeben. Die Zutaten mit einem Schneidstab zu einer Paste verarbeiten.

4. Eine Auflaufform mit Öl auspinseln. Die Zucchinischeiben mit der Paste bestreichen und in die Form schichten. Kirschtomaten halbieren und darauf verteilen. Alles mit dem zerbröselten Schafskäse bestreuen. Restliches Olivenöl darüber träufeln. Die Auflaufform in den Backofen schieben und ca. 20 min backen.

Servieren ... und es passt jegliche Art von Wein, nur kein Süßer!

Tipp: Das Gericht ist ohne Fleisch oder Fisch zubereitet. Natürlich kann ein findiger Geist etwas dazu kreieren ...

NYSIROS

LASAGNE MAL GRIECHISCH

Für 2 Personen
Zubereitungszeit:
45 min + 45 min Backzeit
Zutaten:
250 g Lammhack ohne Fett und Knochen
4 Tomaten
1 Möhre
1 Zwiebel
1 Knoblauchzehe
1 kleine Dose passierte Tomaten
200 g grüne Buschbohnen
150 g Feta
1/4 l Ziegenmilch
6 Lasagneblätter
2 EL Olivenöl
2 EL Butter
2 EL Mehl
1 EL gehackten Thymian (Kräuterbox)
1 EL gehackten Majoran (Kräuterbox)
Meersalz, schwarzer Pfeffer aus der Mühle
1 „B"rise Zucker

  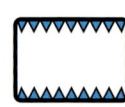 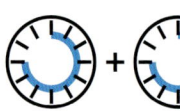

Zubereitung:

1. Lammfleisch fein schneiden, besser ist, Lammhack vom Metzger. Tomaten waschen, häuten und die Kerne mit einem Melonenschäler (oder Teelöffel) herausschälen. Tomatenfleisch würfeln.

2. Zwiebel und Möhre schälen und würfeln. Zwiebel in einer größeren Pfanne mit dem Olivenöl andünsten. Möhrenwürfel hinzufügen, nach 3–4 min das Lammhack und den Knoblauch dazugeben und 5 min weiterbraten. Die Hälfte der Tomatenwürfel in die Pfanne geben und mit andünsten. Die passierten Tomaten dazu gießen. Gehackte Kräuter einrühren und mit Salz, Pfeffer und Zucker abschmecken. Alles ca. 20 min offen köcheln lassen.

3. Buschbohnen putzen und dritteln und in kochendem Salzwasser bissfest garen, abgießen.

4. Butter in einem kleinen Topf erwärmen und das Mehl darin anschwitzen. Die Ziegenmilch angießen und unter Rühren ca. 5 min köcheln lassen.

5. Backofen auf 180 Grad vorheizen.

6. Nun in einer passenden Auflaufform abwechselnd zwei Lasagneblätter, das Lammfleisch, die Bohnen und die Mehlschwitze schichten. Mit den beiden letzten Lasagneblättern abdecken. Die restlichen Tomatenwürfel darüber streuen. Fetakäse mit den Fingern darüber zerbröseln. Mit Olivenöl beträufeln. Ab in den Backofen.

Den Wein (egal ob rot oder weiß) kann man jetzt schon öffnen und probieren. Die ca. 45 minütige Backzeit lässt sich so hervorragend überbrücken.

Tipp: Wer mit dem Thema Kohlehydrate ein Problem hat, … der kann die Nudelblätter auch weglassen. Der Name Lasagne passt dann vielleicht nicht mehr, aber es schmeckt mindestens genauso lecker! Und noch ein Hinweis: Die obersten Lasagneblätter bekommen eventuell nur wenig Feuchtigkeit (Tomatenmenge!).
Das etwas Knackige hat uns aber gerade gut gemundet!

DAS SCHNELLSTE DORADENFILET

Für 2 Personen

Zubereitungszeit: 30 min

Zutaten:

2 Filets von der Dorade à 150 g (in Form geschnitten)

50 g Butter

1 Limette

Kräuter nach Geschmack, Dill und Estragon oder Thymian (Kräuterbox)

Meersalz, Pfeffer aus der Mühle

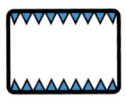 

Zubereitung:

1. Die Fischfilets säubern, säuren und salzen. Dann auf zwei ausreichend große Stücke Alufolie legen. Jeweils ein halbes Stück Butter darunter schieben. Den Fisch pfeffern. Je zwei Scheiben von der Limette auf den Fisch legen. Auf jede Portion zwei Stiele Dill und zwei Stiele Estragon verteilen. Den Rest der Butter darauf verteilen. Bei Bedarf mit etwas Olivenöl beträufeln. Dann die Alufolienpakete verschließen.

2. Die Päckchen auf einem Backblech im auf 200 Grad vorgeheizten Backofen 15–20 min garen.

Servieren Sie den Fisch in der Folie und reichen Sie dazu Baguette und einen kühlen Weißwein der Region.

Tipp: Natürlich kann hier auch jeder andere Fisch mit festem Fleisch verwendet werden.

KRITHARAKI-NUDELN MIT KIRSCHTOMATEN UND SCHWARZEN OLIVEN

Für 2 Personen
Zubereitungszeit: 30 min
Zutaten:

130 g Kritharaki-Nudeln
(sehen aus wie Reiskörner)
7 EL Olivenöl
40 g Butter
250 ml Gemüsebrühe
250 ml Ziegenmilch
125 g Feta
Salz, schwarzer Pfeffer aus der Mühle
4 Kirschtomaten
(das sind die kleinsten Tomaten)
50 g schwarze Oliven (ohne Stein)
ca. 6 Rucola-Blätter (Kräuterbox)

Zubereitung:

1. Die Butter mit 5 EL Olivenöl erhitzen. Die Nudeln darin anbraten. Mit der Brühe ablöschen. Milch dazugeben und alles ca. 1/4 Std. abgedeckt köcheln lassen.

2. Dann Feta bröckchenweise einstreuen und auflösen lassen, weiter köcheln bis eine cremige Masse entsteht. Mit Salz und schwarzem Pfeffer würzen.

3. Kirschtomaten mit 2 EL Öl in einer Pfanne 1–2 min erwärmen bis sie zu schrumpeln beginnen (das nennt man schmelzen). Oliven dazugeben und 10 min dünsten. Die Rucola-Blätter je in 3–4 Teile zupfen und ebenfalls in die Pfanne geben, umrühren.

4. Die Nudeln auf Tellern anrichten. Den Pfanneninhalt darüber verteilen. Die Pfeffermühle sorgt für den Schlusspunkt.

Ein gut gekühlter griechischer Weißwein passt.

Tipp: Diese für sich schon leckere Nudelkomposition kann natürlich gut als Beilage zu diversen Fleischgerichten gereicht werden.

FISCHFILETS MIT MOZARELLA

Für 2 Personen
Zubereitungszeit: 60 min
Zutaten:
2 Mittelmeerfischfilets je ca. 200 g
(zum Beispiel Dorade)
1 Knoblauchzehe
10 Stiele Basilikumblätter (Kräuterbox)
2 Rispen Cocktailtomaten (rot und gelb)
1 Kugel Büffelmozzarella
2 EL geriebener Parmesan
Olivenöl
Meersalz, schwarzer Pfeffer aus der Mühle

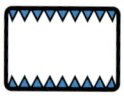

Zubereitung:

1. Die Fischfilets säubern, säuren und salzen und mit der gepellten und halbierten Knoblauchzehe einreiben, dann in eine mit Olivenöl ausgepinselte Auflaufform legen. An Bord kann man bei einer größeren Personenzahl das Backblech nehmen. Mit Salz und Pfeffer würzen. Etwas Olivenöl darüber träufeln.

2. Tomaten vierteln, Mozzarella in kleine Stückchen zerrupfen. Beides auf dem Fisch verteilen. Von 2 Stielen Basilikum die Blätter abzupfen darauf verteilen. Mit Parmesan bestreuen und erneut etwas Öl darüber geben.

3. Alles in den auf 200 Grad vorgeheizten Backofen schieben und ca. eine 1/4 Std. backen bis der Parmesan eine leichte Bräunung annimmt.

4. In der Zwischenzeit die restlichen Basilikumblätter mit 2 EL Olivenöl zu einem Pesto verarbeiten.

5. Den Fisch auf Tellern anrichten und mit dem Pesto garnieren.

Am besten isst man das Gericht mit einem Löffel, denn der sich aus den Zutaten bildende Sud ist so lecker, dass man das Gericht mit einem Eintopf verwechseln könnte.

Tipp: Wer Carpaccio vom Fisch mag, der kann den Fisch in dünnste Scheibchen schneiden (diesmal den Knoblauch weglassen) und alles kalt servieren.

FISCHFILETS MIT RIESENGARNELE UND STAMPFKARTOFFELN

Für 2 Personen
Zubereitungszeit: 60 min
Zutaten für den Fisch:
1 Mittelmeerfisch ca. 500 g (z. B. Dorade, möglichst schon filetiert)
2 Riesengarnelen (U5), je Stück ca. 100 g
2 Zweige Thymian (Kräuterbox)
2 Stiele Estragon (Kräuterbox)
1 Knoblauchzehe (geschält)
Olivenöl
Meersalz
Zutaten für die Stampfkartoffeln:
300 g festkochende Kartoffeln
(z. B. Drillinge)
10 Oliven
2 Stiele Basilikum (Kräuterbox)
50 ml Weißwein
1 TL Zitronensaft
6 EL Olivenöl
Meersalz, schwarzer Pfeffer aus der Mühle

Zubereitung:

1. Fisch filetieren, die Haut nicht entfernen. Haut ggf. einschneiden, waschen und mit Küchenpapier abtupfen. Bei der Dorade auf jeder Filetseite die Mittelgräten keilförmig herausschneiden, beiseitestellen. Riesengarnelen bis auf den Schwanz schälen, Darm entfernen und mit der angeschnittenen Knoblauchzehe einreiben.

2. Kartoffeln schälen, halbieren und in Salzwasser 20 min gar kochen, abgießen und etwas abkühlen lassen. Oliven in Scheiben schneiden, Basilikumblätter hacken. In einem Topf die 3 EL Olivenöl erhitzen und die Kartoffeln darin etwas anbraten. Mit dem Wein ablöschen. Danach die Kartoffel stampfen. Weitere 3 EL Öl zufügen, Oliven und gehacktes Basilikum untermengen. Mit Zitronensaft Salz und Pfeffer abschmecken.

3. Knoblauch in Scheiben schneiden. Olivenöl in einer Pfanne erhitzen. Die Garnelen und die Filets mit der Hautseite nach unten in die Pfanne legen. Filets ca. 2 min kräftig anbraten, leicht salzen. Den Knoblauch, die Thymian- und Estragon-Zweige in die Pfanne legen, die Filets gewendet darauf legen. Garnelen wenden. Die Pfanne vom Herd nehmen und alles noch 2 min garen lassen.

4. Filets und Garnelen mit dem Kartoffelpüree anrichten.

Dazu empfehlen wir einen Weißwein. Etwas grüne Kräuter und Tomatenstückchen zur Deko machen sich immer gut.

Tipp: Die Größe von Garnelen bemisst sich nach Stück per englisches Pfund (lb) = 453,59 g. Das U steht für „unter" (englisch „under"). Die Kennzeichnung U5 bedeutet also unter 5 Stück pro englischem Pfund.

GEMÜSEPFANNE MIT HACKRÖLLCHEN (KÖFTESI)

Für 2 Personen
Zubereitungszeit: 60 min
Zutaten:

250 g Hackfleisch
2 Schalotten
2 Knoblauchzehen
1 Ei
200 g Erbsen und Karotten (aus der Dose)
200 g Fleischtomaten
200 g kleine festkochende Kartoffeln
25 g Butter
1 EL Tomatenmark
1 Tasse Gemüsebrühe
(Gemüsewürfel in heißem Wasser)
4 EL Olivenöl
Meersalz, schwarzer Pfeffer aus der Mühle

  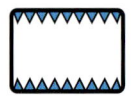 

Zubereitung:

1. Tomaten häuten, entkernen und in Würfel schneiden. Kartoffeln bürsten und längs vierteln. Bei sehr kleinen reicht halbieren.

2. Aus dem Hackfleisch, einer gehackten Schalotte, den gepressten Knoblauchzehen, dem Ei und etwas Salz und Pfeffer einen Teig kneten.

3. Die Masse auf etwas Mehl ausrollen und in kleine „Würstchen" schneiden (etwa wie dicke Nürnberger) und in dem Olivenöl rundum anbraten.

4. In eine feuerfeste Form legen. Die Erbsen, Karotten, Tomatenwürfel und Kartoffeln nacheinander dazugeben.

5. In einer Pfanne mit Butter die zweite gehackte Schalotte andünsten, das Tomatenmark hinzufügen und mit der Gemüsebrühe ablöschen. Kurz aufkochen und die Sauce über die Gemüsepfanne geben. Alles im Backofen bei 200 Grad ca. 20–25 min backen.

Dazu ein Weinchen der roten Sorte.

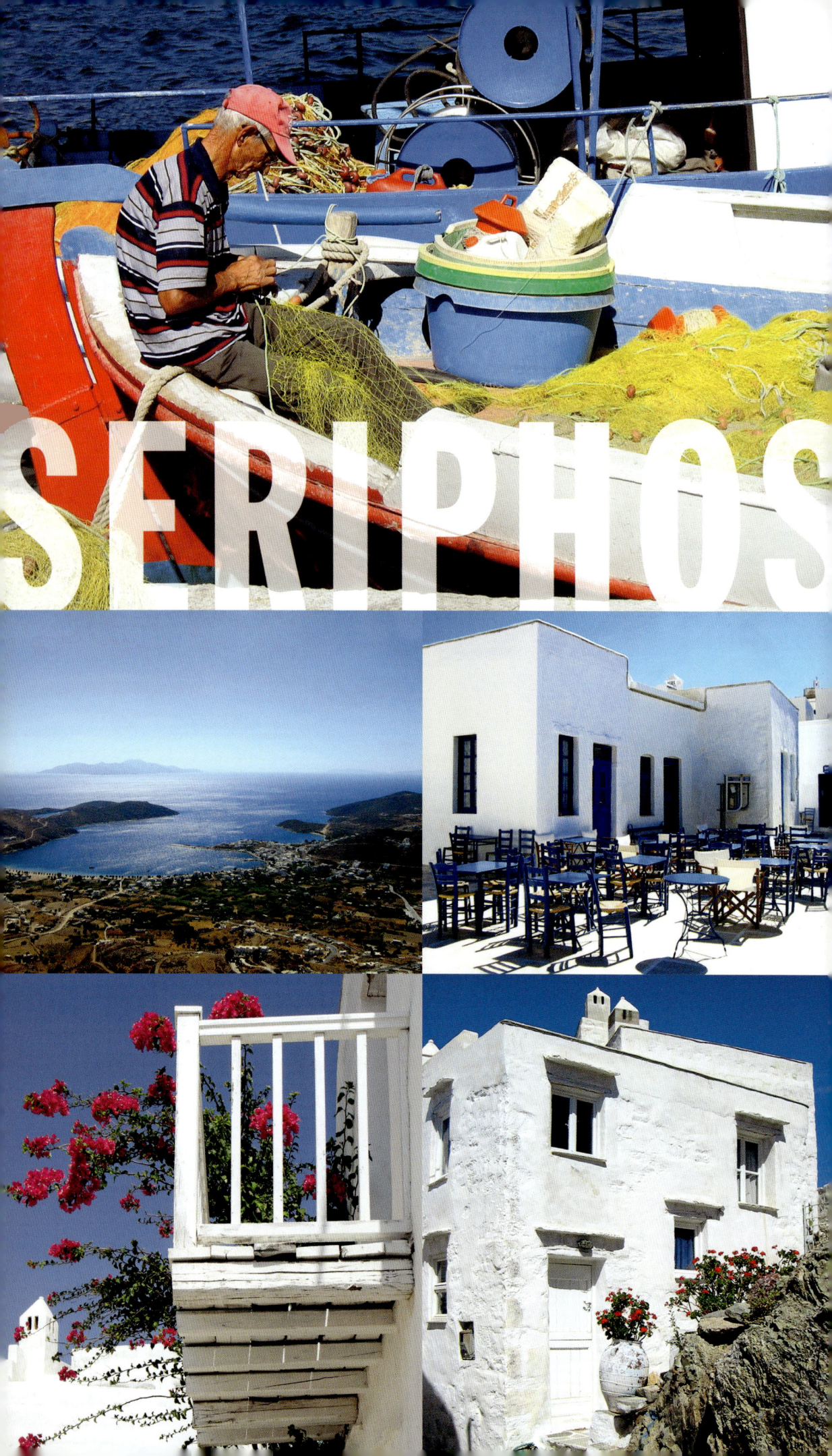

SERIPHOS

CRÈME BRULÉE

Für 2 Personen
Zubereitungszeit: 80 min
Zutaten:

1/4 l Schlagsahne
2 Päckchen Vanillezucker
1 Vanilleschote (besser, aber teurer: 2)
4 Eigelb

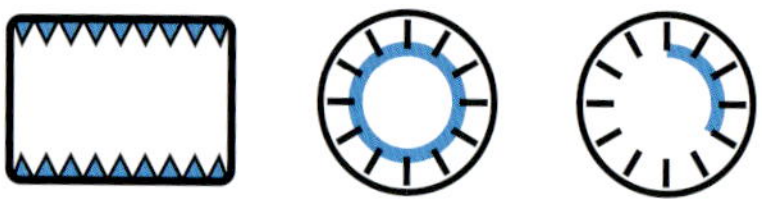

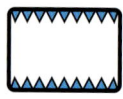  

Zubereitung:

1. Die Eigelbe mit dem Vanillezucker so lange schlagen, bis die Masse weißlich wird. Vanilleschote längs aufschneiden, das Mark herauskratzen und unter die Eiermasse mischen. Die Sahne unterheben (ungeschlagen).

2. Die Masse in feuerfeste Förmchen verteilen und diese auf ein tiefes Backblech stellen, auf das Wasser gegossen wird, bis das Wasser 1/2 cm unter der Oberkante der Förmchen steht. Die Crème brulée bei 120 Grad im Backofen belassen. Nach ca. 1 Std. wird die Masse stocken. Danach abkühlen lassen.

3. Und nun zu den Gänsefüßchen beim „brulée". Die Förmchen überstreut man mit Rohrzucker und karamellisiert den Zucker mit einem Bunsenbrenner, fertig!!! Aber, den Brenner hat man nicht an Bord und im Flieger transportiert man auch kein Gas. Aber, warum nicht mal nur die Crème mit etwas Zucker ohne Kruste? Schmeckt auch lecker, hat den echten Namen brulée nur nicht verdient!

Tipp: Fragt mal im Hafen nach und vielleicht gibt es bei den Camping- oder Seglerausrüstern doch so etwas wie einen Brenner. Wer eine Idee hat, bitte melden!

TIRAMISU

Für 2 Personen
Zubereitungszeit: 30 min
Zutaten:

1 Ei

25 g Zucker

125 g Mascarpone

3 EL Amaretto (oder Vino Santo)

50 ml Espresso

75 g Butterkekse und Amarettini (oder Cantuccini)

Kakaopulver

Zubereitung:

1. Eigelb und Eiweiß trennen. Eigelb mit Zucker cremig schlagen. Mascarpone unterrühren und 1 EL Amaretto hinzufügen. Eiweiß steif schlagen und unterheben.

2. Espresso mit 2 EL Amaretto mischen und die zerkleinerten Kekse damit tränken. Die Hälfte der Keksmasse in 2 Gläser füllen. Dann die Hälfte der Mascarponecreme darüber verteilen. Nun die zweite Hälfte der Keksmasse und dann die zweite Hälfte der Mascarponecreme darüber schichten. Zuletzt etwas Kakaopulver darüber sieben.

Tipp: Auch hiervon eher etwas mehr machen … so lecker!

SCHOKOMOUSSE MIT CHILI UND ORANGENFILETS

Für 2 Personen
Zubereitungszeit: 60 min
Zutaten:

170 g Schokolade (am besten Zartbitter)
1 Becher Sahne
1 Messerspitze Chilipulver
1/2 kleine getrocknete rote Chilischote
2 Orangen
Saft von einer 1/2 Limette oder Zitrone
1 Schuss Orangen- oder Marillenlikör
Meersalz
einige Blättchen Zitronenmelisse (Kräuterbox)
Rosa Pfefferbeeren

     Rosa Pfefferbeeren

Zubereitung:

1. Schokolade zerkleinern und langsam zum Schmelzen bringen. Sahne unterrühren. Chilischote halbieren, entkernen und über der Schokolade zwischen den Fingern zerreiben. Eine Prise Salz hinzufügen. Chilipulver dazugeben (wenn noch erforderlich ...).

2. Nach guter Durchmengung abkühlen lassen. Das dauert einige Stunden.

3. Nach dem Schälen der Orangen die Filets zwischen den Trennhäuten herausschneiden und in einer Schale mit Likör übergießen. Anfallenden Orangensaft und etwas Saft von der Limette hinzufügen.

4. Schoko-Sahne Masse mit einer Gabel, besser mit einem Mixer vorsichtig, nicht zu lange aufschlagen (könnte sonst zur Pralinenmasse werden). Tipp beachten.

5. Schokomousse-Nocken mit einem Löffel portionieren, auf kleinen Teller anrichten und mit Orangenfilets garnieren. Mit Melisse-Blättchen und rotem Pfeffer (Rosa Pfefferbeeren) bestreuen.

Dazu passt natürlich ein Espresso. Wir bevorzugten ein Gläschen roten Likörwein ... lecker ...

Tipp: Wenn man die Schokomousse leichter haben will, sollte man noch ein steif geschlagenes Eiweiß unterheben.

GRIECHISCHE JOGHURTMOUSSE MIT NÜSSEN

Für 2 Personen

Zubereitungszeit: 30 min

(aber mehrere Stunden im Kühlschrank ruhen lassen)

Zutaten:

150 g griechischer Joghurt

1 Ei

25 g Honig

1 Päckchen Vanillezucker

1 Blatt Gelatine

1/2 Becher Schlagsahne

Kerne von 5 Walnüssen

Honig zum Garnieren

   Gelatine

Zubereitung:

1. Ei, Honig und Vanillezucker durchschlagen. Joghurt darunter mischen.

2. Gelatine in einem Topf auflösen.

3. 1 EL von der Joghurtmasse in die Gelatine geben und verrühren.

4. Jetzt die Gelatinemasse zur Joghurtmasse geben und alles gut durchschlagen.

5. Die Sahne steif schlagen und unterheben. Im Kühlschrank mehrere Stunden kalt stellen.

Zum Anrichten die Mousse auf Teller geben, mit Walnüssen und Honig garnieren.

Tipp: Eventuell schon am Vorabend zubereiten.

MELONENSALAT

Für 2 Personen
Zubereitungszeit: 30 min
Zutaten:

1/4 Wassermelone

1/2 Galiamelone

1/2 Cantaloupe-Melone

1 kleines Stück Ingwer

1 kleine rote Chilischote

Saft von 2 Limetten

3 EL Honig

1 TL Sesamöl

1/2 Bund Minze (Kräuterbox)

1/2 Bund Koriander (Kräuterbox)

1 Prise Salz

Zubereitung:

1. Die Melonen von den Kernen befreien. Das Fruchtfleisch mit einem Melonenschäler in mundgerechte Kugeln schneiden und kühl stellen. Melonensaft auffangen und schon mal verkosten.

2. Für die Marinade den Ingwer schälen und mit einer Reibe zu einer mußigen Masse verarbeiten. Die Chilischote entkernen und in feine Ringe schneiden. Ingwer, Chili, Limettensaft, Honig, Sesamöl und die Prise Salz verrühren. Marinade über die Melonenstückchen geben, durchrühren und ca. 15 min ziehen lassen.

3. Minze und Koriander von den Stiele zupfen und hacken.

4. Die marinierten Melonenstückchen in Portionsschalen geben und mit den Kräutern bestreuen.

LIMETTEN TIRAMISU

Für 2 Personen
Zubereitungszeit: 30 min
(2–3 Std. kühlen)
Zutaten:

1 Ei

20 g Zucker

1 Päckchen Vanillezucker

abgeriebene Schale und Saft von 2 Limetten

150 g griechischer Sahnejoghurt

100 g Mascarpone

75 g Löffelbiskuits

2 EL Zitronenlikör

Zubereitung:

1. Eigelb und Eiweiß trennen. Eigelb mit Zucker und Vanillezucker cremig schlagen.

2. Schale der Limetten dünn abreiben oder mit einem Zestenreißer schälen. Die Limetten auspressen.

3. Mascarpone, Joghurt und Eigelb verrühren. Zitronensaft und abgeriebene Schale (etwas davon zur Deko beiseite stellen) ebenfalls unterrühren. Eiweiß steif schlagen und unterheben.

4. Die Biskuits mit dem Zitronenlikör tränken. Die Hälfte davon in 2 Gläser füllen. Dann die halbe Menge der Mascarponecreme darüber verteilen. Nun die restlichen getränkten Löffelbiskuits darüber geben und mit der übrigen Creme bedecken. Mit Limettenabrieb dekorieren.

Die fertigen Gläser mehrere Stunden kühl stellen.

Tipp: Kann gut über Nacht aufbewahrt werden, also ggf. etwas mehr machen …

Kaunos

Knidos

DAS HILFT BEIM EINKAUFEN

Aubergine	Berenja	Aubergine	Melanzana	Palidzan	Melitzána	Patlikan
Balsamico-essig	Vinagre balsámico	Vinaigre Balsamique	Aceto balsamico	Balsamico octa	Valsamikó Xídi	Balsamik Sirke
Basilikum	Basilio	Basilic	Basilico	Bosiljak	Vasílis	Feslegen
Biskuit	Bizcocho	Éponge	Spugna	Spuzva	Sfoungári	Bisküvi
Bohne	Haba	Haricot	Fagiolo	Grah	Fasóli	Fasulye
Butter	Mantequilla	Beurre	Burro	Maslac	Voútyro	Tereyagi
Calamares	Calamar	Calamares	Calamares	Calamares	Calamares	Calamares
Cayenne-pfeffer	Pimienta de cayena	Poivre de Cayenne	Pepe di Caienna	Crvena paprika	Pipéri kagién	Kirmizi biber
Chilischote	Chile	Chilli	Peperoncino	Cili	Tsili	Kirmizi biber
Dorade	Dorade	Dorade	Dorade	Dorade	Dorade	Kilicbaligi
Ei	Huevo	Œuf	Uovo	Jaje	Avgó	Yumurta
Erbse	Guisante	Petit-pois	Pisello	Grasak	Bizéli	Bezelye
Estragon	Estragón	Estragon	Estragone	Zmijina trava	Estrankón	Tarhun otu
Feige	Higo	Figue	Fico	Smokva	Sýko	Incir
Fisch	Pescado	Poisson	Pesce	Riba	Psári	Balik
Flusskrebs	Cangrejo de rìo	Ècrevisse	Gambero di fiume	Rak	Karavída	Kerevit
Garnele	Gamba	Crevette	Gamberetto	Covjeculjak	Garída	Karides
Gemüsebrühe	Caldo de verduras	Bouillon de légumes	Brodo vegetale	Povrce juha	Zomó lachanikón	Sebze suyu
Goldbrasse	Brema	Brème	Bream	Djeverika	Eídos kyprínou	Çapak
Hähnchen-brust	Pechuga de pollo	Blanc de poulet	Petto di pollo	Pileca prsa	Stíthos kotópoulou	Tavuk gögsü
Hähnchen-schenkel	Muslos De Pollo	Cuisses De Poulet	Cosce Di Pollo	Pileci Bedra	Boutákia kotópoulou	Tavuk Uyluk
Honig	Miel	Miel	Miele	Med	Méli	Bal
Ingwer	Jengibre	Gingembre	Zenzero	Dumbir	Tzíntzer	Zencefil
Joghurt	Yogur	Yaourt	Yogurt	Jogurt	Giaoúrti	Yogurt
Kabeljau	Bacalao	Morue	Merluzzo	Bakalar	Bakaliáros	Morina
Kalbskotelett	Chuleta de ternera	Côte de veau	Vitello cotoletta	Teletina kotleti	Moscharísio biftéki	Dana kotlet
Kaper	Alcaparra	Câpre	Cappero	Kapar	Kappari	Kapari
Kartoffel	Patata	Pomme de terre	Patata	Krumpir	Patáta	Patates
Knoblauch	Ajo	Ail	Aglio	Cesnjak	Skórdo	Sarimsak
Koriander	Cilantro	Coriandre	Coriandolo	Korijandar	Kolíandro	Kisnis
Kresse	Berro	Cresson	Crescione	Ugas	Kárdamo	Tere
Krevette	Camarón	Crevette	Gamberetto	Covjeculjak	Garída	Karides
Lachs	Salmón	Saumon	Salmone	Losos	Solomós	Somon
Lamm	Cordero	Agneau	Agnello	Janjetina	Arní	Kuzu
Lauch	Puerro	Poireau	Porro	Poriluk	Práso	Pirasa
Likör	Licor	Liqueur	Liquore	Liker	Likér	Likör
Limette	Cal	Chaux	Lime	Vapno	Ásvestos	Kireç
Lorbeer-blatt	Hoja de laurel	Feuille de laurier	Foglia d'alloro	Lovorov list	Dáfni	Defne yapragi
Majoran	Mejorana	Marjolaine	Maggiorana	Mazuran	Mantzourána	Mercankösk
Mehl	Harina	Farine	Farina	Brasno	Alévri	Un
Melone	Melòn	Melon	Melone	Dinja	Pepóni	Kavun

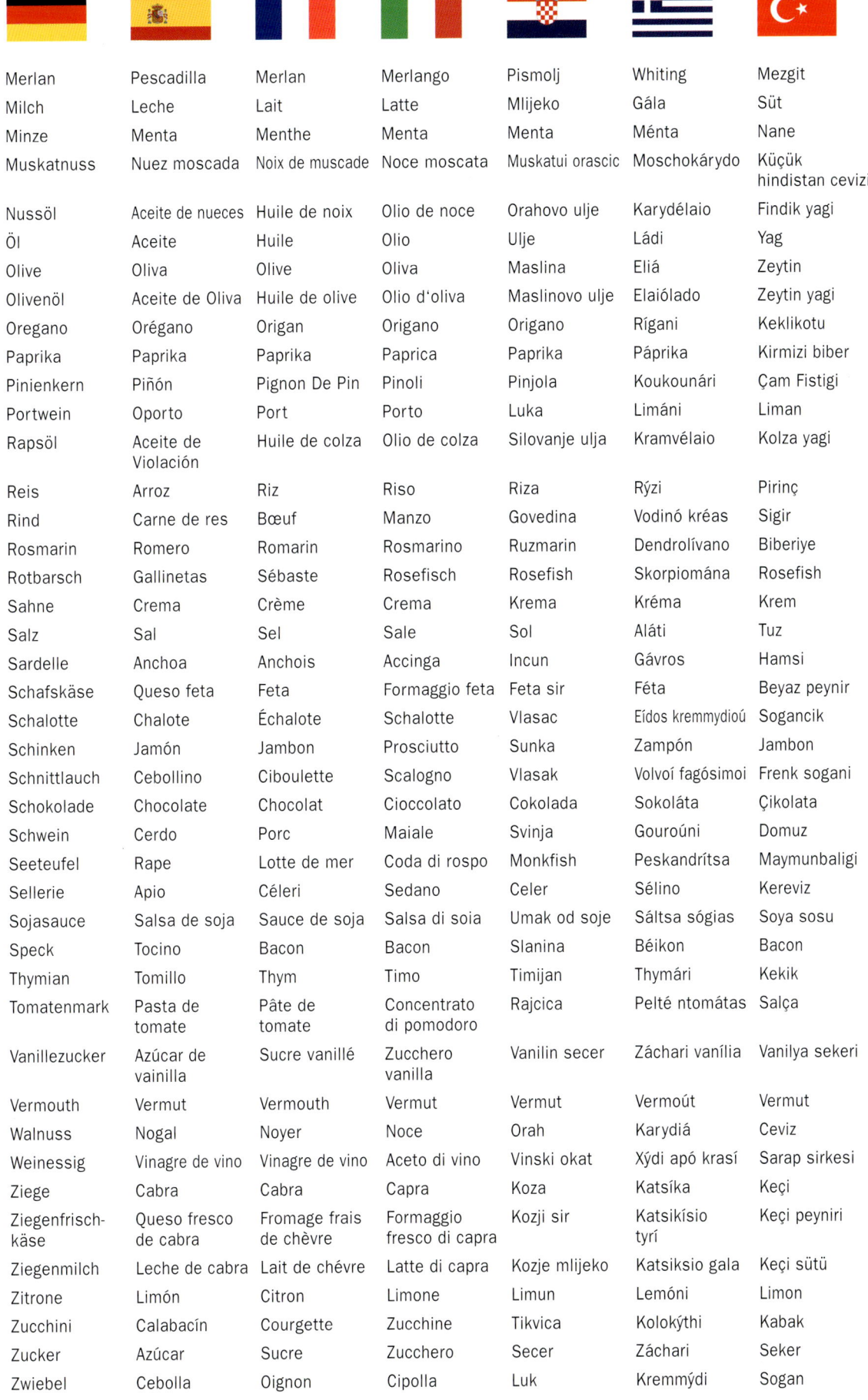

🇩🇪	🇪🇸	🇫🇷	🇮🇹	🇭🇷	🇬🇷	🇹🇷
Merlan	Pescadilla	Merlan	Merlango	Pismolj	Whiting	Mezgit
Milch	Leche	Lait	Latte	Mlijeko	Gála	Süt
Minze	Menta	Menthe	Menta	Menta	Ménta	Nane
Muskatnuss	Nuez moscada	Noix de muscade	Noce moscata	Muskatui orascic	Moschokárydo	Küçük hindistan cevizi
Nussöl	Aceite de nueces	Huile de noix	Olio de noce	Orahovo ulje	Karydélaio	Findik yagi
Öl	Aceite	Huile	Olio	Ulje	Ládi	Yag
Olive	Oliva	Olive	Oliva	Maslina	Eliá	Zeytin
Olivenöl	Aceite de Oliva	Huile de olive	Olio d'oliva	Maslinovo ulje	Elaiólado	Zeytin yagi
Oregano	Orégano	Origan	Origano	Origano	Rígani	Keklikotu
Paprika	Paprika	Paprika	Paprica	Paprika	Páprika	Kirmizi biber
Pinienkern	Piñón	Pignon De Pin	Pinoli	Pinjola	Koukounári	Çam Fistigi
Portwein	Oporto	Port	Porto	Luka	Limáni	Liman
Rapsöl	Aceite de Violación	Huile de colza	Olio de colza	Silovanje ulja	Kramvélaio	Kolza yagi
Reis	Arroz	Riz	Riso	Riza	Rýzi	Pirinç
Rind	Carne de res	Bœuf	Manzo	Govedina	Vodinó kréas	Sigir
Rosmarin	Romero	Romarin	Rosmarino	Ruzmarin	Dendrolívano	Biberiye
Rotbarsch	Gallinetas	Sébaste	Rosefisch	Rosefish	Skorpiomána	Rosefish
Sahne	Crema	Crème	Crema	Krema	Kréma	Krem
Salz	Sal	Sel	Sale	Sol	Aláti	Tuz
Sardelle	Anchoa	Anchois	Accinga	Incun	Gávros	Hamsi
Schafskäse	Queso feta	Feta	Formaggio feta	Feta sir	Féta	Beyaz peynir
Schalotte	Chalote	Échalote	Schalotte	Vlasac	Eídos kremmydioú	Sogancik
Schinken	Jamón	Jambon	Prosciutto	Sunka	Zampón	Jambon
Schnittlauch	Cebollino	Ciboulette	Scalogno	Vlasak	Volvoí fagósimoi	Frenk sogani
Schokolade	Chocolate	Chocolat	Cioccolato	Cokolada	Sokoláta	Çikolata
Schwein	Cerdo	Porc	Maiale	Svinja	Gouroúni	Domuz
Seeteufel	Rape	Lotte de mer	Coda di rospo	Monkfish	Peskandrítsa	Maymunbaligi
Sellerie	Apio	Céleri	Sedano	Celer	Sélino	Kereviz
Sojasauce	Salsa de soja	Sauce de soja	Salsa di soia	Umak od soje	Sáltsa sógias	Soya sosu
Speck	Tocino	Bacon	Bacon	Slanina	Béikon	Bacon
Thymian	Tomillo	Thym	Timo	Timijan	Thymári	Kekik
Tomatenmark	Pasta de tomate	Pâte de tomate	Concentrato di pomodoro	Rajcica	Pelté ntomátas	Salça
Vanillezucker	Azúcar de vainilla	Sucre vanillé	Zucchero vanilla	Vanilin secer	Záchari vanília	Vanilya sekeri
Vermouth	Vermut	Vermouth	Vermut	Vermut	Vermoút	Vermut
Walnuss	Nogal	Noyer	Noce	Orah	Karydiá	Ceviz
Weinessig	Vinagre de vino	Vinagre de vino	Aceto di vino	Vinski okat	Xýdi apó krasí	Sarap sirkesi
Ziege	Cabra	Cabra	Capra	Koza	Katsíka	Keçi
Ziegenfrisch-käse	Queso fresco de cabra	Fromage frais de chèvre	Formaggio fresco di capra	Kozji sir	Katsikísio tyrí	Keçi peyniri
Ziegenmilch	Leche de cabra	Lait de chévre	Latte di capra	Kozje mlijeko	Katsiksio gala	Keçi sütü
Zitrone	Limón	Citron	Limone	Limun	Lemóni	Limon
Zucchini	Calabacín	Courgette	Zucchine	Tikvica	Kolokýthi	Kabak
Zucker	Azúcar	Sucre	Zucchero	Secer	Záchari	Seker
Zwiebel	Cebolla	Oignon	Cipolla	Luk	Kremmýdi	Sogan

REZEPTREGISTER

DANKE

Einen großen Dank richten wir an:
unsere Crewmitglieder Siggi, Gerald, Karl, Klaus und
Reiner, die mit Begeisterung schnibbeln können,
Ulrike Bömer und Birgit Mader für ihr eifriges
Korrekturlesen,
Siggi Aring und Birgit Mader für einzelne Fotos aus
ihrem Fundus,
Jutta Dähndel für die stets gute Beratung beim
Einkauf der Lebensmittel für das Testkochen,
Birgit Radebold für die ständige und konstruktive
Begleitung seitens des Verlages.